Les Écoles italiennes et l'Académie de Peinture en France

1861

HENRI DELABORDE

TABLE DES MATIÈRES

LES ÉCOLES ITALIENNES ET L'ACADÉMIE DE PEINTURE EN FRANCE

I. De l'Art chrétien, par M. A. F. Rio, 1861. - II. L'Académie royale de Peinture et de Sculpture, élude historique, par M. L. Vitet, 1861.

L'histoire de l'art en France et en Italie est devenue, depuis quelques années, l'objet d'études plus attentives, de recherches plus patientes que jamais. Nombre d'anciens documens ont été remis en lumière, toutes les traditions ont été examinées de près, tous les détails biographiques soigneusement relevés. On peut dire néanmoins que ce mouvement de l'esprit critique est demeuré, pour beaucoup d'entre nous, un progrès presque stérile, parce qu'en accumulant ainsi les pièces authentiques, les érudits ont laissé à chacun la tâche de coordonner le tout, d'en dégager la signification essentielle, de discerner les choses qui importent à travers cette multitude de faits accessoires et de menues curiosités. À force de vouloir nous prémunir contre les informations erronées et les légendes, on nous a, un peu plus qu'à souhait, approvisionnés d'actes de naissance et de baptême, de comptes, de contrats, de vieux papiers de toute sorte, exhumés des archives et des greffes. L'histoire de l'art national par exemple s'est trouvée encombrée de pièces justificatives avant même que la marche de cette histoire eût été reconnue et retracée dans son ensemble, et sans nous renseigner autrement sur lestalens ou sur les œuvres, on s'est contenté trop souvent de rétablir l'orthographe des noms propres ou de restituer des dates inutiles.

Il était temps que les matériaux entassés trouvassent leur juste place et leur emploi, il était temps qu'un choix fût fait entre ces débris inégalement précieux, et qu'au lieu de les étiqueter un à un, au fur et à mesure des découvertes, on s'en servît pour reconstruire les lignes générales et pour

5

nous rendre l'aspect du passé. C'est ce travail de recomposition vraiment historique qu'a entrepris M. Vitet, et qu'il a récemment mené à fin avec cette science affable, avec cette ferme bonne grâce qu'il apporte même dans l'examen des questions les plus compliquées et les plus arides. Celles qu'il s'agissait ici de résoudre pouvaient aisément devenir, sous une plume moins judicieuse ou moins courtoise, un prétexte à d'interminables confidences archéologiques, à cet étalage de renseignemens officiels derrière lesquels on a coutume de se retrancher aujourd'hui pour se dispenser de rien décider soi-même, de parler en son propre nom et de juger à ses propres risques. Rechercher les origines, la constitution et les aventures successives de l'Académie royale de peinture et de sculpture dans des actes de procédure oubliés ou inconnus, dans le fatras de mémoires, de requêtes et d'arrêts que nous ont légués les fondateurs, les adversaires ou les patrons de la compagnie, la belle occasion vraiment de faire montre d'abnégation et de conscience en transcrivant le tout jusqu'à la dernière virgule ! quel moyen commode d'abriter sa responsabilité sous l'éloquence des pièces, dût cette éloquence tourner bien vite au verbiage et laisser dans l'esprit du lecteur moins d'instruction que de fatigue ! Par ce temps de paléographie à outrance, la tentation eût été forte pour un écrivain quelque peu à court d'opinions fixes et de doctrines : c'est dire qu'elle ne devait pas même effleurer le talent si sûr auquel on doit l'étude sur Lesueur et tant d'autres travaux où le conseil trouve place à côté de l'exposé historique, où l'expérience de l'érudit vient seulement en arde à l'autorité de l'homme de goût.

M. Vitet, on le sait de reste, n'a pas coutume d'isoler les faits de la leçon qu'il convient d'en tirer, ni de subordonner en matière d'art l'intelligence d'une époque ou d'une école au dépouillement minutieux d'un dossier. En conclura-t-on que, pour écrire l'histoire de l'Académie de peinture, M. Vitet ait cru pouvoir faire bon marché des anciens documens, qu'il se soit refusé aux longues investigations, à l'étude attentive des textes, qu'il ait en un mot dédaigné de connaître tout ce qui avait été dit sur ce sujet avant de prendre à son tour la parole ? Si la marche même du récit ne suffisait pour prouver le contraire, les pièces authentiques placées à la suite de ce récit achèveraient d'en attester l'exactitude et d'en justifier les élémens. Seulement, au lieu de nous infliger toute la science de détail dont il lui a fallu se pourvoir, l'auteur entend ne nous donner que le résumé de ses recherches ; au lieu de nous faire porter la peine de ses propres fatigues, il dispose à notre usage et utilise suivant leur valeur les renseignemens qu'il a recueillis. Il sait bien qu'en pareil cas l'impartialité systématique engendre facilement la confusion ou l'erreur, que, les informations une fois prises, il reste à en déduire les conséquences, et que la besogne du greffier ne saurait supprimer celle du juge. Comme il le dit lui-même dans un passage de son nouveau travail, ce n'est pas tout de compulser de vieux cartons poudreux, il faut peser ce qu'on y trouve, mettre les choses à leur vraie place, les éclairer de leur vrai jour et ne pas prendre à tout propos des taupinières pour des montagnes. En nous rendant les annales de l'Académie royale de peinture, M. Vitet a, une fois de plus, pratiqué ces principes et nous a préservés de ces méprises. Son livre est mieux qu'une chronique, mieux qu'un recueil de matériaux à l'adresse de quelques archéologues ou de quelques curieux ; c'est, pour tout le monde, une leçon d'histoire et de goût, un examen succinct et facile dans les termes, mais studieusement approfondi, des questions que soulèvent les souvenirs et les exemples de l'ancienne académie : exemples qu'aujourd'hui encore on ferait bien de méditer, même en vue de certains emprunts ; souvenirs intéressans à coup sûr, puisqu'ils résument tous les progrès, toute les évolutions, toute l'histoire de l'art français pendant un siècle et demi, et que, depuis Lesueur jusqu'à David, depuis Sarrazin jusqu'à Houdon, depuis Gérard Audran jusqu'à Moreau, ils se rattachent aux noms des peintres, des sculpteurs et des graveurs qui ont, à quelque degré que ce soit, honoré notre école.

Un peu avant l'époque où M. Vitet nous donnait cette belle étude sur l'histoire de l'art français, l'historien de l'Art chrétien en Italie, M. Rio, publiait sous sa forme définitive et dans ses proportions complètes l'important ouvrage dont les diverses parties avaient successivement paru dans le-cours des dernières années. Certes, dans les travaux des deux écrivains, les sujets, les intentions, les procédés d'analyse et de critique, tout diffère trop radicalement pour qu'on songe à établir entre les œuvres mêmes un parallèle impossible. Ces différences toutefois n'impliquent-elles pas un enseignement, et ne peut-on, en vertu du contraste, apprécier d'autant mieux les caractères, les coutumes, les conditions de développement propres à l'art de chaque pays ? Ce qui ressort, au point de vue historique, de l'étude de l'art italien, c'est la continuité de l'action individuelle sur les progrès qui s'accomplissent à diverses époques et en divers lieux, c'est le fait d'une influence plus ou moins puissante, mais. toujours exercée par des artistes sans association entre eux sur des groupes d'élèves isolés, comme leurs maîtres, des efforts ou des talens voisins. De là des traditions circonscrites dans les limites d'un atelier ou tout au plus d'une ville, de là ces entreprises en sens contraire qui se poursuivent, on sait d'ailleurs avec quel éclat, non-seulement à Florence et à Rome, à Venise et à Milan, mais jusque dans telle humble cité où le ciel a voulu qu'un maître naquît ou se fixât ; de là enfin cette merveilleuse variété de manières, ces renouvellemens de tendances et de doctrines qui vivifient pendant trois siècles les écoles italiennes, et qui, loin d'en épuiser la fécondité, en développent de plus en plus les ressources. Considérées dans l'ensemble de leurs croyances et de leurs actes, ces écoles, si admirables qu'elles soient, ne représentent pas l'unité, la fixité d'un dogme pittoresque ; elles ne constituent pas une église. Chaque point de foi, il est vrai, y a ses docteurs, et chaque apôtre ses disciples ; mais l'orthodoxie des principes n'est consacrée ni par un consentement unanime, ni par la durée des convictions. Elle varie en raison des exigences locales et des aspirations du moment, ici l'ardent amour de la ligne, là le culte non moins passionné de la couleur ; hier l'étude et l'analyse des vérités intimes, aujourd'hui la dévotion au fait extérieur, aux majestés de la forme, à la puissance absolue du style ; partout et toujours la scission ou la lutte, partout cette noble inquiétude du mieux qui, en agitant l'art italien depuis Giotto jusqu'à Michel-Ange, depuis Jean Bellin et Mantegna jusqu'à Paul Véronèse et Corrége, lui révèle les secrets de la perfection dans tous les genres, suscite des rivalités immortelles, et produit une succession de chefs-d'œuvre sans similitude entre eux, comme sans équivalons au dehors.

Les progrès, les mouvemens, quels qu'ils soient, de l'art en France ont au contraire un caractère collectif. À certains momens, sans doute l'autorité d'un maître s'affirme et prédomine, un seul nom résume les efforts ou les entraînemens de tous. C'est ainsi qu'à partir de la seconde moitié du XVIIe siècle l'école française semble s'être incarnée dans Lebrun, que Boucher, un siècle plus tard, porte la responsabilité de toutes les fautes commises autour de lui, et que David, en réagissant contre ces excès pittoresques, prend et garde l'ascendant d'un réformateur souverain. Quelque importance personnelle qu'ils dussent acquérir, ces novateurs toutefois obéissaient à des influences extérieures aussi docilement au moins qu'aux suggestions de leur propre fantaisie. Ce n'est pas de propos délibéré que Lebrun donnait à son style ces formes pompeuses, que Boucher enjolivait d'une grâce fardée la mythologie ou la campagne, et que David avait fini par réduire la tâche du pinceau presque à l'imitation de la statuaire antique. Fort différens en cela de certains maîtres italiens qui apparaissent brusquement sur la scène de l'art et s'y installent de vive force, sans appel préalable ni connivence de l'opinion, les chefs de notre école puisent leur autorité et leurs droits dans l'attente générale, dans les tentatives déjà faites, dans les besoins intellectuels du milieu et du temps où ils vivent. Lors même qu'elle prétend afficher le plus d'audace, la peinture française exprime visiblement ces arrière-pensées prudentes ; là où elle semble s'affranchir le plus résolument des traditions et des exemples, elle se rattache au passé par des liens étroits, et ne fait que préciser, continuer sous une forme nouvelle ce qui avait été une première fois indiqué ou pressenti. Vien, en parlant de lui-même et de son illustre élève, disait : J'ai entr'ouvert la porte, David l'a poussée. Les plus aventureux entre nos peintres ont toujours de ces éclaireurs pour assurer leur marche et leur préparer le chemin. Malgré l'inégalité des talens et la dissemblance des manières, tout, au sein de l'école française, se développe et se succède dans un ordre logique. Les révolutions n'y sont presque jamais l'œuvre de quelques conjurés, le résultat imprévu d'un coup de main ; elles. s'opèrent avec le concours de tout le monde, parce qu'elles ont leur principe et leur raison d'être dans les exigences de l'opinion. En un mot, l'esprit de méthode et de discipline dirigeant jusqu'aux mouvemens les plus capricieux en apparence, une action d'ensemble décidant des progrès qui seraient dus ailleurs à l'action isolée, à la volonté d'un homme, voilà ce que l'histoire de l'art national nous révèle à chaque page, et ce que tant de monumens appartenant aux deux derniers siècles achèvent d'attester.

À quelle cause attribuer ces coutumes régulières, ces ambitions patientes, cette calme hardiesse ? Le tout sans nul doute s'explique d'abord par les aptitudes naturelles de l'école, par ce rare bon sens qui lui vient non-seulement de Poussin, mais d'aïeux plus éloignés encore, et qui, dans le domaine pittoresque aussi bien que dans le champ littéraire, est le génie même de l'art français. Il est juste toutefois de tenir compte, et un compte sérieux, des institutions qui ont régi chez nous les peintres et les sculpteurs jusqu'à la fin du dernier siècle. Le travail de M. Vitet nous fournit sur ce point les plus sûrs enseignemens, comme le livre de M. Rio consacre la gloire et les caractères, très différens à tous égards, des écoles italiennes. Aux conditions anarchiques imposées à celles-ci par le génie indépendant et par les passions personnelles des maîtres, nous essaierons d'opposer la légalité en quelque sorte des talens qui se sont succédé dans notre pays, des efforts poursuivis en commun par les membres de l'ancienne Académie de peinture. Nous ne prétendons pour cela ni surfaire la valeur de ces talens, ni exagérer le succès de ces efforts. Encore moins, avons-nous besoin de le dire ? s'agit-il ici de formuler contre l'art italien une accusation aussi sûrement ridicule qu'elle serait foncièrement impie. La prééminence des écoles italiennes sur toutes les autres n'est pas un fait à discuter. La seule question qu'on puisse débattre encore concerne non l'excellence des œuvres, mais les influences en vertu desquelles ces œuvres se sont produites. C'est là ce que nous nous proposons de rechercher ; c'est en se plaçant à ce point de vue que la critique a le droit de hasarder sans paradoxe une comparaison entre ces grands souvenirs de la renaissance à Florence ou à Rome et les souvenirs à la fois plus humbles et plus modernes que résume en France l'histoire de notre Académie.

I

On peut diviser en trois périodes principales la série des progrès qui s'accomplissent en Italie à partir du jour où la peinture y est pour la première fois pratiquée par des maîtres jusqu'au moment où elle a trouvé ses moyens d'expression suprêmes et sa forme parfaite sous les pinceaux de Léonard et de Raphaël. L'époque des débuts, celle qui commence un peu avant le XIVe siècle pour prendre fin avec les premières années du XVe, a un caractère d'universalité dans les doctrines et d'obstination dans les procédés qu'on doit noter comme un contraste avec les libres tentatives, avec les divergences en tous sens, qui vont suivre. Cette uniformité toutefois des œuvres appartenant au XIVe siècle n'infirme pas le jugement qu'en face d'autres œuvres plus nombreuses encore et plus récentes, on pourrait porter sur les inclinations multiples des écoles italiennes. D'une part, l'uniformité a cette fois son excuse dans la timidité naturelle d'un art à peine sorti de l'enfance ; de l'autre, elle s'explique par l'empire légitime que devaient exercer les premiers exemples et le génie du premier réformateur. Giotto en effet domine tout et marque tout à son empreinte durant cette période d'initiation et d'apprentissage, il apparaît ou il revit dans tous les travaux qu'on exécute d'un bout à l'autre de l'Italie. C'est lui qui, de sa propre main ou par la main de ses élèves, inscrit le nouvel évangile pittoresque sur les murs des églises, des cimetières, des couvens et des palais ; c'est lui qui imagine, qui conseille ou qui inspire des plans pour les édifices, des projets pour la statuaire et l'orfèvrerie ; c'est lui enfin qui partout apporte la lumière, la règle, le zèle et l'intelligence de l'art.

À ne consulter que la chronologie, plusieurs noms, il est vrai, devraient trouver place, avant celui de Giotto, dans l'histoire des origines de la peinture italienne. Sans parler même de Cimabue, qui essaya, sinon de répudier, au moins de modifier les traditions byzantines, acceptées jusqu'alors à Florence comme des lois immuables, on pourrait surprendre chez d'autres peintres, à Pise, à Bologne, et principalement à Sienne, certaines velléités de progrès, certaines arrière-pensées d'indépendance, sous les formes consacrées de la pratique ; mais le tout, de si près qu'on y regarde, demeure encore à l'état d'intention. Dans les œuvres de ces imitateurs plus ou moins dociles des Grecs, l'érudition moderne a su ou voulu discerner quelques symptômes d'une manière personnelle, quelques indices d'une habileté supérieure parfois au modeste savoir-faire de l'école, et, un peu de partialité municipale venant en aide à l'archéologie, on s'est appliqué en Italie à détourner sur telle ville l'honneur des réformes attribuées depuis des siècles à Florence. On s'est plu à venger la mémoire de tel artiste primitif oublié ou dédaigné par Vasari. Rien de mieux, à la condition pourtant de n'estimer qu'à leur prix ces timides essais d'émancipation, d'accorder un bien autre crédit aux témoignages de régénération formelle, et, tout en distinguant soigneusement entre les devanciers de Giotto, de sacrifier sans scrupule à la gloire du grand maître l'importance relative qui leur appartient ou l'intérêt qu'ils peuvent exciter.

C'est sous les mêmes réserves qu'il convient d'apprécier les titres, si méritoires qu'ils soient d'ailleurs, de quelques contemporains de Giotto ou des peintres formés directement à son école. Lui vivant, plus d'un noble talent surgit ou se développa, dont les œuvres sembleraient peut-être en mesure de rivaliser avec les siennes. Trois maîtres siennois surtout, Ambrogio Lorenzetti, Simone Memmi et le premier par l'âge comme par le mérite, Duccio, réussissent encore aujourd'hui à intéresser le regard qui vient de contempler les austères images tracées par le chef de l'école florentine. Et cependant qu'ont-ils découvert que celui-ci n'ait au moins pressenti ? qu'ont-ils voulu traduire dans la nature qu'il n'ait lui-même plus vivement exprimé ? Sauf une certaine originalité dans le choix des types et çà et là dans les formes du style, quelles preuves ont-ils données d'une inspiration assez forte pour lutter avec cette imagination puissante, avec cette robuste volonté ? Non, s'il fallait trouver à Giotto un rival ou du moins un second digne de lui dans ce siècle sur lequel il règne, on ne devrait le chercher ni parmi les prédécesseurs immédiats, ni parmi les contemporains du maître. C'est lorsque la révolution entreprise a été conclue sous ses auspices, c'est lorsqu'il a disparu lui-même léguant à tous une doctrine sûre, des exemples bien définis, qu'un autre artiste de génie, Andréa Orgagna, stimule le progrès à sa manière, et que les terribles fresques du Campo-Santo de Pise, la Loggia de Lanzi à Florence et le Tabernacled'Orsan-Michele apparaissent, comme pour ratifier dans tous les arts les conquêtes déjà faites, ou pour en agrandir le champ.

Le rôle d'Orgagna toutefois est très personnel, non-seulement parmi les héritiers directs de Giotto, mais en regard même de l'attitude que gardent les successeurs de ceux-ci. Plus tard en effet, une seconde génération de disciples continuera aussi pieusement que jamais la tradition inaugurée dès le commencement du siècle. Les élèves des premiers giotteschi, non moins confians que leurs maîtres dans l'excellence de cette tradition, n'essaieront même pas d'en rajeunir les termes, et, confondant systématiquement le fond avec la forme, ils s'appliqueront à maintenir, aussi bien que l'intégrité de la doctrine, le culte des procédés transmis. Bien plus : cent ans après la mort du régénérateur de l'école, un élève d'Agnolo Gaddi, un peintre qui par conséquent n'avait reçu que de troisième main cet enseignement classique, Cennino Cennini, recueillait, au profit des artistes futurs, les préceptes qu'il avait pratiqués à son tour et les enregistrait dans son Traité de la Peinture comme autant de règles invariables, comme autant d'articles de foi.

L'empire de Giotto sur L'art italien durant toute la première phase de la renaissance est donc un fait principal, exceptionnel par la durée aussi bien que par son importance même, et, comme le dit très justement M. Rio, un prodige de vitalité qui ne se retrouve dans l'histoire d'aucun autre artiste ancien ou moderne. Venu presque sans précurseurs, créateur de l'art et du métier tout ensemble, Giotto partage avec Dante, son contemporain et son ami, la gloire d'avoir, du jour au lendemain, révélé le beau à son pays par la poésie des inspirations comme par la précision des formes, d'avoir donné l'essor aux plus hautes facultés de l'imagination en même temps qu'il définissait, qu'il instituait les lois du style et du langage. Certes la grammaire pittoresque a subi depuis lors des modifications de plus d'une sorte : d'autres inspirations ont eu leur tour ; un autre idéal, un autre ordre de sentimens ont exigé des ressources d'expression nouvelles ; celles que Giotto avait popularisées pouvaient et devaient, à un moment donné, devenir insuffisantes. Toujours est-il qu'en vieillissant elles n'ont compromis pour cela ni la valeur des pensées qu'elles traduisent, ni l'éloquence propre du maître. On en jugeait autrement, je le sais, en France au siècle dernier ; mais nous sommes à présent mieux informés et plus justes. Le temps est loin où le président de Brosses qualifiait sans marchander de barbouilleur... ce grand maître si vanté dans toutes les histoires, qui pourrait, ajoutait-il, être reçu pour peindre un jeu de paume. Aujourd'hui sans doute il semblerait plus opportun de lui confier la décoration d'un sanctuaire, et si l'on se rappelle, entre autres témoignages, ce qui subsiste dans les églises de l'Annunziata nell' Arena à Padoue, de Saint-François à Assise, de l'Incoronata à Naples, il faut convenir que le choix serait bon. En tout cas, l'auteur de l'Art chrétien y souscrirait avec autant d'empressement que personne. Bien qu'on puisse se trouver en désaccord avec M. Rio sur quelques points de détail, - sur l'insuffisance mystique notamment qu'il reproche à la grande Madone conservée aujourd'hui à Florence dans la galerie de l'Académie des Beaux-Arts, - on ne saurait, quant aux vues d'ensemble, quant à l'appréciation générale des talens, contester la justesse de ses jugemens. Les pages consacrées par lui à Giotto, à ses contemporains et à son école sont peut-être les plus instructives qu'on ait écrites en France sur ce sujet, et, mérite assez rare à notre époque, elles ne remettent en lumière que des noms faits pour l'histoire, des œuvres dignes de souvenir. Tandis que la peinture italienne acceptait ainsi au début l'autorité absolue d'un maître, et que la sculpture, régénérée dès le siècle précédent par Nicolas de Pise, se soumettait avec la même docilité à l'empire de la tradition personnelle, notre école nationale, sans chef reconnu, sans exemples décisifs, sans autre élément de progrès que le zèle et la sagacité de tous, notre école avait produit déjà bon nombre de ces beaux ouvrages que nous admirerions plus résolument peut-être, si nous en connaissions les auteurs. Aucun nom de peintre verrier, aucun nom de miniaturiste ne personnifie pour nous les succès, pendant les XIIIe et XIVe siècles, de deux arts que l'Italie elle-même a proclamés des arts français. Les statues qui ornent les porches latéraux de la cathédrale de Chartres et la façade de la cathédrale de Reims, bien d'autres morceaux encore appartenant à la même époque, attestent chez nos sculpteurs une habileté dont leurs contemporains au-delà des monts ne fourniraient pas toujours des preuves aussi sûres. Malheureusement, au lieu d'être, comme à Florence ou à Pise, le privilège éclatant de quelques-uns, cette habileté demeure presque inaperçue dans notre pays, par cela même qu'elle s'y trouve à peu près aux mains de tout le monde ; elle a le tort surtout de n'apparaître ni recommandée par des particularités biographiques, ni environnée de ces souvenirs romanesques qui ailleurs ont immortalisé d'assez tristes héros. Si tel de nos artistes du moyen âge avait eu, comme Andréa del Castagno, le bon esprit d'assassiner ses amis, ou, comme Buffalmacco, l'adresse de les choisir parmi les chroniqueurs de l'époque, il est probable qu'une pareille précaution, en sauvant son nom de l'oubli, eut aussi bien qu'ailleurs assuré parmi nous la popularité à ses travaux. Nos maîtres verriers, nos enlumineurs de missels, nos tailleurs d'images, si loyalement, si continuellement inspirés, se sont contentés de nous léguer leurs chefs-d'œuvre anonymes. Ils ont été punis de leur désintéressement par notre indifférence, de leur fécondité même par nos prédilections pour des œuvres, non pas plus vénérables toujours, mais plus rares, pour des talens étrangers, non pas mieux pourvus au fond, mais, grâce aux circonstances, mieux famés. À quoi bon insister au surplus ? Qu'il nous suffise d'avoir rappelé le fait, en passant, et d'avoir constaté dans les débuts de l'art français des indices de ce goût pour les efforts en commun, de ces mœurs fédératives en quelque sorte, dont rétablissement de l'Académie au XVIIe siècle sera comme l'expression légale et la suprême consécration.

L'école italienne, strictement giottesca, nous l'avons dit, même longtemps après la mort de Giotto, l'école italienne, durant toute cette première période, ne s'était pas seulement imposé la tâche de s'assimiler la manière extérieure du maître. Il semble qu'en se renfermant, à l'exemple de celui-ci, dans le cercle de certains sujets, en n'osant interpréter les textes sacrés que dans le sens exprès qu'il y attachait lui-même, elle ait fait presque d'un perfectionnement pittoresque une question d'orthodoxie. Et cependant le moment était proche, que dis-je ? il était déjà venu où la peinture chrétienne, en se transformant sous le pinceau de fra Angelico, allait participer, elle aussi, à cette ambition de progrès, à ce mouvement dans les idées et dans la pratique qui s'annonce dès le commencement du siècle, s'enhardit de plus en plus jusqu'au jour des dernières conquêtes, et renouvelle partout les conditions du beau. Je m'explique : rien de moins hautain assurément, rien de plus contraire aux arrière-pensées de succès personnel et de gloire mondaine que l'art de fra Angelico. Imagination mystique par excellence, cœur ouvert seulement aux saintes passions, l'humble dominicain, dont le surnom caractérise si bien les inclinations et le génie, n'est un maître, au point de vue du talent, que sous l'empire de préoccupations tout autres, et pour ainsi dire malgré lui. Ce talent n'en a pas moins une valeur singulière, des formes d'expression très différentes des habitudes primitives du style florentin, et, sans revenir ici sur des mérites auxquels nous avons eu déjà l'occasion de rendre hommage [1], nous dirons que chez le peintre de la Déposition de Croix, du Jugement dernier, du Couronnement de la Vierge et de tant d'autres suaves chefs-d'œuvre, la parfaite originalité de la manière n'est pas moins évidente que l'exquise pureté du sentiment. C'est par là, c'est par ces infidélités, volontaires ou non, aux exemples pittoresques du passé que Fra Angelico appartient sans anachronisme à son époque, et que lui, l'artiste le plus ingénu peut-être, le plus spiritualiste qui fut jamais, il se rattache à un groupe de novateurs moins naïvement émus pour la plupart qu'habiles à scruter les secrets des choses, moins attentifs à la voix mystérieuse de l'infini qu'au spectacle des vérités naturelles et aux leçons de la réalité.

Qu'on ne s'exagère toutefois ni les caractères naturalistes du mouvement qui se manifeste au XVe siècle, ni l'antagonisme créé entre les maîtres de cette époque par la diversité des efforts et des travaux. Si Masaccio, Benozzo Gozzoli et un peu plus tard Domenico Ghirlandaïo réussissent à donner à la représentation de la figure humaine une vraisemblance, une correction imprévue, il ne suit pas de là, tant s'en faut, qu'ils sacrifient à ce progrès le respect de leur propre sentiment, à cette étude scrupuleuse du fait contemporain le droit d'en réviser ou d'en commenter les termes. Si Paolo Uccello et Luca Signorelli, si Botticelli et Filippino Lippi, si vingt autres maîtres poursuivent, chacun dans la mesure de ses aptitudes, un idéal particulier et un genre de beauté nouveau, doit-on voir nécessairement dans ces talens rivaux des talens en hostilité entre eux ? En dehors de l'école florentine, même activité, même curiosité ardente, mêmes succès aussi, obtenus par des moyens contraires et au milieu des complications fécondes qu'amènent la découverte des monumens antiques, la popularité naissante de la gravure, les procédés de la peinture à l'huile, tous les exemples inattendus, tous les secours, toutes les ressources. Dans l'école ombrienne, que, soit dit en passant, l'auteur de l'Art chrétien nous semble doter bien généreusement d'une influence, d'une vertu infaillible, et à laquelle il rattache trop volontiers les faits ou les talens principaux qui se produisent ailleurs, le Pérugin malgré ses redites et la monotonie de sa pratique, Pinturicchio malgré l'élégance un peu grêle de son style, continuent ou plutôt reprennent à leur manière l'œuvre commencée déjà par Gentile da Fabriano et Piero della Francesca. À Venise et à Padoue, deux des plus grands maîtres qui aient paru jamais, Giovanni Bellini et Andréa Mantegna, - à Bologne Francia, - à Ferrare Lorenzo Costa, - partout des artistes spontanément ou studieusement inspirés fondent, accroissent ou renouvellent leur propre gloire et l'honneur de l'art dans leur pays. Il n'est pas jusqu'à Naples, d'ordinaire la plus inerte en ce sens, la moins favorisée des grandes villes de l'Italie, qui n'ait, avant la seconde moitié du siècle, son moment de ferveur pittoresque, et dans le Zingaro son peintre national. Et cependant cette période de perfectionnement et de fécondité universelle n'est que la promesse ou la préface de succès bien autrement décisifs, d'une abondance de chefs-d'œuvre plus surprenante encore. Un instant, il est vrai, les efforts se ralentissent, le mouvement demeure comme suspendu. À la veille d'entrer dans sa phase la plus illustre, l'art italien, particulièrement à Florence, semble s'inquiéter, se repentir presque des découvertes qu'il a faites, des progrès qu'il vient d'accomplir. Tandis que, vaincus par la sainte éloquence de Savonarole, des peintres désavouent leur zèle pour la beauté profane, sauf à hésiter quelque peu sur les moyens de restaurer un culte plus pur, d'autres, vieillis ou morts déjà, laissent plus d'une place inoccupée dans des rangs si serrés, si bien remplis jusqu'alors. On dirait que, pressentant la venue des nouveaux prophètes, l'art italien se recueille dans l'attente de ses destinées prochaines, et que tout exprès il garde le silence.

Nous ne prétendons nullement, est-il besoin de le dire ? recommander à l'admiration les merveilles du XVIe siècle, ni saluer d'un hommage banal à force d'être légitime la gloire souveraine des maîtres appartenant à cette dernière phase de la renaissance. À quoi bon mentionner une fois de plus des chefs-d'œuvre populaires entre tous, des noms présens à toutes les mémoires ? Personne, - si ce n'est peut-être quelque apôtre de cette petite secte préraphaélite qui s'agite, de l'autre côté du détroit, dans une entreprise sans issue comme sans danger, dans des défis seulement bizarres aux plus grands souvenirs de l'art et aux plus nécessaires traditions, - personne ne s'est avisé encore de nier, au point de vue du vrai et du beau pittoresques, l'excellence de pareils modèles, l'autorité de pareils noms. On accueille avec une vénération unanime les progrès que résument les travaux de Léonard, de Raphaël, d'Andréa del Sarto, de Corrége, de tous ces artistes incomparables auxquels Michel-Ange et Titien survivent presque jusqu'à la fin du siècle, comme pour retarder la décadence qui se prépare et confirmer la double révolution accomplie dans le domaine de la forme et dans celui de la couleur. Tout en s'inclinant devant la majesté extérieure des œuvres, on s'est cru néanmoins le droit d'en discuter la valeur morale, d'en accuser les inspirations intimes et l'esprit. Raphaël principalement, le plus compromis, il est vrai, par la perfection même de sa manière, dans le dernier mouvement de la renaissance italienne, Raphaël, à en croire quelques artistes et quelques écrivains allemands ou français, n'aurait réussi, au-delà des premières années de sa carrière, qu'à déterminer le triomphe du sensualisme sur l'idéal chrétien, à installer le paganisme dans l'art aussi bien que dans le sanctuaire.

Nous ne voulons pas dire que M. Rio soit, aujourd'hui surtout, disposé à se faire le patron ou le complice de cette stérile insurrection contre une des gloires les plus inviolables que le passé nous ait léguées. L'ordre chronologique des faits qu'il examine dans les trois volumes publiés jusqu'ici ne lui a pas permis encore d'aborder l'histoire de l'école romaine, et d'ailleurs les jugemens si sains qu'il porte sur Léonard, sur la grâce irrésistible de sa manière là même où cette grâce est assez ouvertement profane, ne laissent pas de nous rassurer sur la justice qu'il saura rendre au peintre de la Transfiguration. Pourtant, si nous nous rappelons bien certains passages de l'ouvrage primitif [2], certaines propositions incidentes où la défection prétendue de Raphaël était dénoncée, condamnée même au nom de la foi ; si, d'une autre part, nous notons dans cette histoire de l'art chrétien, telle que M. Rio nous la donne aujourd'hui, quelques restrictions au moins sévères, quelques mots imprudens, - par exemple sur le caractère prosaïque, bien plus sur le naturalisme tout pur de telles figures peintes par fra Bartolommeo, - nous craignons un peu qu'aux yeux de M. Rio la peinture ne semble incliner déjà vers le matérialisme, lorsqu'elle n'a fait encore que diversifier plus résolument les formes de l'idéal et en perfectionner l'expression. Nous pouvons craindre du moins qu'on n'interprète en ce sens la réserve ou les réticences du pieux écrivain, et que des disciples mal avisés, en exagérant sa poétique, n'arrivent à préconiser dans l'art l'immobilité hiératique, à imposer au génie même des lignes et des types une fois déterminés, à réduire enfin les conditions de la peinture chrétienne à je ne sais quelle uniformité farouche renouvelée des dogmes égyptiens.

Qu'y a-t-il d'ailleurs au fond de ces soupçons ou de ces critiques à l'adresse des maîtres du XVIe siècle ? Quels signes, quels symptômes accusent l'insuffisance religieuse des œuvres appartenant à cette époque ? Ce qu'on sait de la vie privée des artistes qui les ont faites, tel souvenir biographique médiocrement édifiant, il est vrai, exerce parfois en pareil cas un influence principale sur notre puritanisme esthétique. Bien des gens peut-être, si on ne leur avait rien dit de la Fornarine, admireraient sans difficulté la beauté robuste qu'ils reprochent à la Vierge dite de François Ier. On serait probablement moins sévère pour la seconde manière d'Andréa del Sarto, si elle ne coïncidait dans la vie du peintre avec de fâcheuses aventures et un acte formel d'improbité. En revanche, l'ignorance où nous sommes des fautes ou des méfaits qu'ont pu commettre des artistes beaucoup plus éloignés de notre temps ne procure-t-elle pas assez souvent à ceux-ci le bénéfice d'une bonne renommée et à leurs œuvres une vertu d'élite ? Ils nous apparaissent à distance comme sanctifiés par le contraste avec les mœurs plus ou moins mondaines de leurs successeurs, de même qu'en rapprochant les témoignages de leur inexpérience des preuves d'habileté qui ont suivi, nous prêtons à ces esprits, en quête après tout et en travail, une sorte de quiétude systématique et d'imperturbable naïveté. On oublie ainsi que, par rapport aux tentatives précédentes, cette naïveté. avait toute l'audace de la création, cette expérience incomplète toute la valeur scientifique d'un progrès. Si manifeste que soit la part du sentiment religieux dans les travaux de peinture antérieurs au XVIe siècle, la part faite aux moyens d'expression, au perfectionnement des procédés techniques, n'y est pas non plus équivoque. À ceux qui seraient tentés de proscrire comme suspectes de paganisme les innovations introduites par Raphaël et par ses contemporains, on pourrait donc demander s'il n'y a pas aussi quelque arrière-pensée hérétique dans les efforts tentés par lesquattrocentisti pour faire mieux ou autrement que leurs devanciers, les disciples de Giotto. Giotto à son tour mériterait-il une pleine confiance, lui qui ne craignit pas de répudier les pratiques consacrées et de donner carrière à ses instincts là où l'on n'avait su ou voulu formuler encore qu'une sorte de liturgie pittoresque à l'usage des initiés ? De proche en proche, on arriverait à n'accepter de l'art chrétien que ses origines, à n'attribuer de crédit qu'aux fresques des catacombes ou aux mosaïques byzantines, à juger en un mot de la signification religieuse d'une peinture sur ses imperfections mêmes et de son orthodoxie sur sa date. De leur côté, les peintres modernes, à l'exemple de leurs confrères les moines du Mont-Athos, devraient réduire leur tâche à une pieuse contrefaçon des images primitives, se réfugier dans l'archaïsme pour se préserver des erreurs ou des vanités humaines, et se raidir dans une attitude immobile de peur de faire fausse route en marchant.

De deux choses l'une pourtant. La peinture chrétienne n'est-elle, ne doit-elle être qu'un ensemble de signes abstraits, un mode d'ornementation muet et conventionnel où les personnages et les symboles évangéliques interviennent comme les oves ou les triglyphes dans les décorations architecturales ? ou bien a-t-elle pour objet d'attendrir notre cœur, d'encourager notre foi, de venir en aide, suivant les moyens qui lui sont propres, à la voix et aux enseignemens de l'église ? Dans le premier cas, nul doute qu'il faille admettrecomme les lois mêmes du travail l'abnégation du sentiment personnel et l'immutabilité des formes ; mais si, au lieu d'une représentation purement symbolique, la peinture chrétienne a le droit et le devoir de figurer des faits, de vivifier des préceptes par l'image des réalités, il lui appartiendra aussi d'en approprier l'expression aux besoins particuliers d'une société et d'une époque. Il lui faudra, sous peine de compromettre gravement son influence, choisir des procédés de définition en rapport avec les mœurs actuelles de l'art, avec les justes exigences des esprits, et, sans varier sur le fond des vérités dogmatiques, renouveler du moins la méthode d'exposition et le style. Que dirait-on d'un orateur ou d'un écrivain qui, pour instruire le peuple des vérités de la religion, les lui prêcherait aujourd'hui dans la langue de saint Jean Chrysostome ou dans celle de saint Thomas d'Aquin ? Essayer de ressusciter la langue, morte aussi, des apôtres de l'art aux temps du bas-empire ou du moyen âge, ce ne serait ni une entreprise plus opportune, ni une prétention moins vaine. Je sais, - à n'envisager même que les conditions extérieures de la tâche, - l'importance des traditions et le danger de l'indépendance en matière de peinture religieuse ; je sais qu'il n'est pas possible de répudier certains exemples, de transformer absolument certains types, de changer même les couleurs de certains vêtemens, sans fausser en même temps le sens et la physionomie de l'œuvre, sans en détruire ce qu'il serait permis d'appeler la vraisemblance sacramentelle. Quoi de plus difficile en pareil cas, quoi de plus nécessaire pourtant que de concilier avec le respect à des lois fixes la franchise des inspirations, que de garder une juste mesure entre l'imitation servile et l'infidélité expresse, entre les banalités de la routine et les licences de l'invention ? De nos jours on y a réussi quelquefois, et nous pourrions citer à Paris même, dans les églises de Saint-Vincent-de-Paul et de Saint-Germain-des-Prés, dans d'autres monumens encore, des témoignages remarquables de cette habileté à ne trahir ni le respect dû aux souvenirs, ni les droits non moins légitimes du sentiment ; mais pourquoi ne pas choisir des exemples plus haut encore ? Parce que dans les œuvres appartenant au XVIe siècle la conciliation est à tous égards plus facile, l'effort scientifique moins marqué, faudra-t-il n'attribuer à ces œuvres qu'une signification bornée, une vertu superficielle ? Parce que, chez Raphaël, les apparences ont une beauté parfaite, devra-t-on crier à la profanation, condamner le fond en raison même de l'excellence de la forme, et faire porter à l'autorité morale du peintre la peine des séductions qu'exerce son pinceau ?

Non, tout est à aimer, à admirer, à accepter sans réserve dans ce qui nous vient de ce bienfaisant génie ; non, pour demander aux monumens de la peinture des émotions pures et de pieux conseils, il n'est pas nécessaire de remonter jusqu'à l'enfance de l'art, il n'est pas nécessaire de contempler, à l'exclusion du reste, les reliquaires ou les diptyques. Raphaël en Italie, comme plus tard Lesueur en France, est aussi saintement inspiré que le plus austère des peintres primitifs. Avec plus de naturel et de charme dans l'expression, il a la même sincérité dans le sentiment, la même certitude dans la pensée. Tout en poussant aussi loin que possible la recherche et la science du beau, lui et les autres grands maîtres de son pays et de son époque demeurent naïfs en face d'eux-mêmes, de leurs croyances, de leurs instincts. La preuve n'en est-elle pas dans la diversité de leurs travaux et dans la persévérance avec laquelle ils marchent vers un même but en suivant chacun une voie différente ? Que l'on préfère tel d'entre eux à tel autre, rien de mieux. Que l'on relève même chez quelques-uns certaines fautes contre le goût, certaines inégalités dans le style : de pareils reproches peuvent être formulés sans offenser sérieusement aucune gloire ; mais de grâce laissons là une bonne fois cette triste phraséologie en usage pour flétrir le paganisme, le sensualisme, toute la philosophie mensongère que recèlent, dit-on, les œuvres de Raphaël et des nobles artistes de son temps. Aussi bien la prudence commanderait-elle de ne pas insister sur des argumens qui, entre autres inconvéniens, ont eu déjà et auraient à l'avenir celui de ne convaincre personne. Jamais le bon sens public ne voudra s'accommoder de ce faux jansénisme pittoresque, de cette orthodoxie de fantaisie, de ce rigorisme à courte vue ; jamais on ne consentira, en face des peintures et des peintres du XVIe siècle, à ne trouver que les simulacres du bien dans ces chefs-d'œuvre, des génies suspects dans ces intelligences bénies, ou des comédiens dans ces poètes.

Quelle nécessité au surplus de sacrifier toujours une époque à une autre époque, des talens à d'autres talens ? D'où nous vient cette manie de n'admirer une œuvre ou une école qu'à la condition de déprécier ce qui l'avoisine ? Le propre de tout ce qui est beau est de subsister en soi, et les grands exemples du passé, si variés qu'en soient les termes, peuvent apparaître côte à côte sans se détruire réciproquement et sans se nuire. La gloire des écoles italiennes résulte de cette variété même, de ces dissemblances infinies que présentent, suivant les temps, les lieux ou la trempe particulière des talens, tant d'ouvrages exquis chacun dans son genre, tant de maîtres, dessinateurs ou coloristes, réussissant chacun à découvrir et à révéler une des expressions du vrai, une des formes de l'idéal. En Italie, nous le disions en commençant, l'art ne se développe pas sous l'empire de certaines doctrines une fois admises, sous une discipline commune et en vertu de certaines institutions publiques. Tout y est le fait de l'autorité personnelle, tout progrès dépend de l'action exercée par un homme. Chaque tentative dans un sens provoque, même sur place, quelque tentative, sinon contraire, au moins imprévue, ou correspond ailleurs à des efforts tout différens. Aussi à aucune époque de l'histoire et dans aucune ville les peintres italiens ne semblent-ils fort empressés de se réunir pour se communiquer leurs découvertes ou pour discuter leurs théories. Les confréries qu'ils fondent n'ont guère un autre caractère que celui d'une association pieuse ou d'un syndicat commercial. La première académie de peinture, si l'on veut, la confrérie de Saint-Luc, existe, il est vrai, dès l'année 1350 ; mais les membres, disent les statuts, ne devaient s'assembler que pour chanter les louanges de Dieu et lui rendre des actions de grâce. Il y a bien à Florence, à Sienne, à Venise, des corporations d'artistes, comme il y a pour les marchands l'Arte della Lana ou l'Arte della Seta ; il s'établit même à Milan, au moment où Léonard y séjourne, une sorte de lycée dans lequel le maître ouvre, sur divers sujets, des conférences dont son Traité de la Peinture nous a conservé quelque chose. Enfin, lorsque les Carrache entreprennent à Bologne de suppléer à l'inspiration par l'esprit de système, lorsqu'ils prétendent, à force de science, galvaniser le génie éteint de l'art italien, un de leurs premiers soins est d'installer une académie où l'action sera préparée par la parole, où l'éclectisme de la pratique aura eu pour raison d'être et pour principe l'étude des conditions théoriques, de l'histoire et des variations du beau.

Quels que soient le rôle et l'importance relative de ces corporations ou de ces sociétés savantes en Italie, le tout, sauf l'académie bolonaise, n'engage guère l'indépendance des artistes au-delà de certaines mesures de police, ou, - s'il s'agit d'un groupe comme celui qui entoure Léonard, - au-delà d'une solidarité naturelle entre le maître et les élèves. En réalité, chacun étant libre d'agir à sa guise et chacun usant de cette liberté, la vie et le mouvement, au lieu de se concentrer dans un domaine officiel, se disséminent partout et résultent partout des efforts privés. C'est dans les ateliers des peintres, dans leurs boutiques, pour employer avec Vasari le terme consacré, que se préparent ou s'accomplissent les progrès qui se traduiront en œuvres éclatantes sur les murs des églises et des palais. C'est là que se déroule l'histoire tout entière de la peinture italienne depuis le jour où Cimabue surveille les premiers essais de Giotto jusqu'au jour, plus fortuné encore, où le futur peintre des Stanze révèle, sous les yeux du Pérugin, les premiers secrets de son génie. Plus tard, quand la décadence semble imminente en raison de la hauteur même des sommets où l'on est parvenu, quand les maîtres ayant tout exploré, tout parcouru, tout conquis, il n'y a plus un seul progrès à faire qui ne soit un excès, un seul pas qui n'aboutisse à une chute, on prétendra se cantonner dans un semblant d'activité, s'agiter sur place et faire Mme d'occuper ce terrain qu'il n'est plus possible d'agrandir. Louis Carrache et les siens essaieront alors de s'y installer. Ils demanderont aux efforts combinés, à l'association des volontés et des talens, à des expériences en commun ou à des règlemens académiques le moyen de se maintenir là où d'autres, armés seulement de leur propre force, étaient arrivés un à un : tentative stérile, moins encore parce qu'elle était tardive que parce qu'elle impliquait une atteinte aux principes essentiels, aux conditions vitales de l'art italien ! Une fois mis au régime des traditions, des théories, de l'érudition excessive en tout genre, les peintres ne furent plus que des beaux esprits dont le pinceau soutint des thèses et disserta sur ce que leurs devanciers avaient senti ; une fois condensé en recette d'école, l'idéal s'immobilisa dans cette atmosphère épaissie, dans ces esprits enivrés d'étude, dans ces œuvres sans sincérité. Partout le système étouffa l'émotion, et le pédantisme la vraie science. Ainsi, en prétendant réunir dans une entreprise commune les forces éparses de l'art italien, en cherchant à le restaurer par la discipline, on n'arriva qu'à en épuiser les ressources, à en énerver la vigueur. L'art italien, à vrai dire, prend fin avec l'académie bolonaise, avec cet essai d'organisation où l'on avait cru trouver un remède, et qui n'eut tout au plus contre la décadence que la faible vertu d'un palliatif. Ce qui dans un autre pays réussira bientôt à constituer l'école, à en assurer pour l'avenir la vie et les progrès, ne sert ici qu'à marquer l'heure de ses funérailles, et, comme si le contraste devait emprunter de la chronologie un surcroît d'éloquence, c'est presque au lendemain du jour où l'art en Italie achève de s'affaisser et succombe que naît en France, avec l'Académie royale de peinture, un régime d'émulation féconde, de développement régulier et d'encouragement pour tous les talens.

II

Lorsqu'on 1648, époque de la création de l'Académie, une distinction légale fut établie dans notre pays entre les artisans et les artistes, cette mesure, qui n'avait en apparence que le caractère d'un acte fort simple de justice, était en réalité une réponse ou une leçon à certains instincts plus secrets, à certaines dispositions plus particulières de l'esprit national. En France plus qu'ailleurs, l'art a besoin de recommandations, de privilèges nettement définis, de garanties qui en protègent ce qu'on pourrait appeler l'état civil. Tous, plus ou moins, nous sommes enclins à juger de ses mérites, non sur ce qu'il nous en montre, mais sur ce qu'on nous en dit ; tous nous proportionnons notre estime pour les talens à la renommée qu'on leur a faite ou au rang qu'on leur a assigné. Tant que les peintres dignes de ce nom et les statuaires avaient été confondus dans une même corporation avec les ouvriers, peu de gens s'étaient avisés sans doute de distinguer entre eux et même entre leurs œuvres ; peu de gens attribuaient à l'homme qui savait peindre une chapelle ou sculpter un bas-relief une habileté fort supérieure à celle de l'artisan qu'on appelait pour badigeonner une chambre ou pour fabriquer un meuble. Les préventions ou les méprises formelles de nos aïeux sur ce point ne ressortent-elles pas de l'aridité même des documens historiques en ce qui concerne nos artistes du moyen âge et les successeurs de ceux-ci ? Si au XIIIe siècle par exemple, - l'âge d'or de la sculpture française et de la peinture sur verre, - de bons juges s'étaient rencontrés pour estimer à leur prix les ouvrages qu'ils avaient sous les yeux, n'auraient-ils pas trouvé à propos d'en dire à la postérité quelque chose ? Par malheur, l'histoire de l'art à cette époque se réduit à peu près pour nous aux statuts de la communauté des paintres et tailleurs ymagiers à Paris qu'Etienne Boileau a enregistrés dans son Livre des métiers. Si plus tard la miniature, telle que la traitaient avec Jean Fouquet, dont le nom a survécu par hasard, tant de maîtres aujourd'hui anonymes ; si les portraits dessinés, les crayons, - morceaux souvent exquis où l'on retrouve les titres d'honneur appartenant en propre à notre vieille école, - si tous ces travaux et ceux qui les accomplissaient avaient paru aux contemporains mieux que des objets d'ameublement et des manœuvres, nous n'aurions pas l'humiliation de ne pouvoir opposer, en ce qui nous regarde, que l'ignorance absolue ou de vagues conjectures aux souvenirs positifs, aux témoignages précis qui abondent dans l'histoire de l'art étranger.

Dira-t-on que, par momens, des charges honorifiques, des titres de valet de chambre ou d'employé dans la garde-robe du roi, semblent attribuer aux peintres et aux sculpteurs une sorte de prééminence sur leurs prétendus confrères ? Mais de pareilles faveurs tiraient d'autant moins à conséquence qu'on les accordait plus facilement, et qu'elles récompensaient aussi bien celui dont le pinceau traçait des ornemens sur les harnais ou sur les selles que l'artiste qui venait de peindre le portrait du roi. J'emploie à regret un mot qui n'avait pas cours alors. Comme le fait remarquer M. Vitet, ce mot aujourd'hui si clair, ce mot qu'on dirait aussi vieux que la langue, tant il est bien compris de tous, le mot artiste, n'existait pas à cette époque, ou, ce qui revient au même, n'avait pas l'acception qu'on lui donne aujourd'hui. Si le mot n'existait pas, c'est que l'idée qu'il représente était encore confuse et indéterminée... L'industrie était depuis des siècles organisée, classée, cantonnée en professions distinctes, et comme dans cette classification des arts libéraux les beaux-arts proprement dits n'avaient point une place à part, ceux qui les exerçaient étaient, par la force des choses, assujettis aux mêmes règles, aux mêmes conditions que s'ils eussent fait partie de certains corps de métiers. Les peintres et les statuaires par exemple, quel que fût leur génie, dépendaient de la maîtrise des peintres, sculpteurs, doreurs et vitriers : ainsi le voulaient les lois et les règlemens ; ainsi l'entendaient le corps de la justice, les huissiers et les procureurs, le Châtelet et le parlement.

En vain, sous les règnes de François 1er et de Henri II, certaines exceptions avaient été faites à ce régime avilissant. Quelques talens, reconnus hors de pair, s'étaient installés à la cour sur un pied fort différent à tous égards de l'humble condition imposée par la coutume à quiconque maniait bien ou mal la brosse ou le ciseau. En dehors du palais, les choses ne changeaient pas pour cela, et comme le plus souvent c'était à des maîtres étrangers qu'avaient été accordées les faveurs royales, on ne trouvait peut-être dans ce fait qu'un motif de plus pour tenir l'art national en suspicion ou en discrédit, et pour accepter sans scrupule le pêle-mêle légal où vivaient ici les artisans et les artistes. Ceux-ci toutefois commencèrent à comprendre et à faire valoir leurs droits. Depuis qu'ils avaient vu à Fontainebleau le Primatice et les siens accueillis et fêtés presque à l'égal des grands seigneurs, ils s'étaient demandé si, sans arriver d'Italie et pourvu qu'on eût du talent, on ne pouvait attirer sur soi quelque chose de cette considération et de ces égards. Ils s'étaient demandé s'il ne devait y avoir pour eux d'autre récompense que le salaire, d'autre association que la communauté des intérêts mercantiles, et si, en les condamnant, comme par le passé, au joug de la maîtrise, l'usage se montrerait plus intraitable que le bon sens, plus rigoureux que le roi lui-même. Aussi, à partir de ce moment, les voit-on travailler sans relâche à une réforme qu'ils n'obtiennent pourtant, définitive et complète, qu'après quatre-vingts années d'une guerre où l'on se bat de part et d'autre à coups de requêtes, d'assignations, de toutes les armes que peut fournir la procédure, où les lettres patentes successivement délivrées par Charles IX, par Henri III, par Louis XIII, pour retremper l'autorité de la maîtrise, ne réussissent guère qu'à susciter de nouvelles querelles et à irriter le zèle des combattans. Il faut lire dans le livre de M. Vitet l'histoire de cette longue lutte, histoire aussi curieuse ici, aussi clairement résumée qu'elle apparaît dans les pièces du temps compliquée d'incidens, de redondances judiciaires et de fastidieux détails.

Tout commence à s'apaiser cependant, ou plutôt la résistance se déplace, lorsque la fondation de l'Académie royale est venue donner gain de cause aux assaillans. Affranchis par un arrêt du conseil en date du 20 janvier 1648, protégés contre un retour offensif de la maîtrise aux termes mêmes de cet arrêt, qui faisait défense à celle-ci de donner aucun trouble, ni empeschement aux peintres et sculpteurs de l'Académie… à peine de 2,000 livres d'amende, les opprimés de la veille étaient aujourd'hui bien et dûment vainqueurs. Restaient pour les maîtres, à défaut d'une attaque judiciaire en règle, les escarmouches de la chicane. Ils en essayèrent, et mal leur en prit.

Assez durement traités par le chancelier Séguier, qui s'était déclaré le protecteur de la nouvelle compagnie, ils quittèrent la partie sur ce terrain, et se tournèrent vers des moyens de défense qui pouvaient, sans contrevenir aux ordres du roi, compromettre auprès du public, ruiner peut-être le crédit naissant de l'Académie. Pour combattre celle-ci, la maîtrise prétendit enrégimenter les siens dans des rangs et sous un titre conformes à ce qui venait d'être organisé contre elle-même. Elle se constitua en académie à son tour, en Académie de Saint-Luc, et sauf les talens, qu'elle ne pouvait emprunter comme le reste, elle eut bien vite fait de s'assimiler à peu près tout du programme et des mesures adoptées dans l'établissement rival. Que dis-je ? elle enchérit sur ces pratiques, pensant par là augmenter d'autant son influence. À peine nommés, les douze fondateurs de l'Académie royale, les anciens, comme on disait alors, avaient ouvert dans un hôtel de la rue des Deux-Boules un cours de dessin d'après le modèle vivant, où, moyennant une rétribution de 5 sous, puis de 10 sous par semaine, les élèves travaillaient sous la direction d'un professeur. L'Académie de Saint-Luc, qui tout d'abord s'était donné vingt-quatre anciens, doubla aussi, dans sa maison de la rue de la Tixeranderie, le nombre des classes et des modèles, et fournit gratuitement le tout aux étudians, sans compter une épée à poignée d'argent ciselé, exposée sous leurs yeux et promise, à titre de récompense, au plus zélé d'entre eux.

Rien n'y fit toutefois. L'Académie royale, si dénuée qu'elle fût à cette époque de ressources pécuniaires, avait, pour se maintenir et pour attirer à elle les jeunes gens, la dignité personnelle, l'autorité des enseignemens et des exemples. Elle avait en outre, dans Lebrun et dans quelques autres, des tacticiens plus habiles, des avocats moins faciles à déconcerter et d'ailleurs mieux placés pour se faire écouter du pouvoir que ne l'étaient les académiciens de contrebande, les insurgés appartenant à la confrérie de Saint-Luc. Un peu plus tard, il est vrai, le seul artiste qui put se croire en mesure de tenir tête à Lebrun, Pierre Mignard, essaiera de donner à cette insurrection l'importance et les proportions d'un combat régulier ; mais le jour viendra aussi où la lutte cessera même de ce côté, où le chef des adversaires, ouvertement transfuge, échangera contre le titre de directeur de l'Académie ses inimitiés et sa résistance [3]. Plus d'embarras sérieux dès lors, plus de conflits ni de rivalités possibles. Il y eut bien encore, de la part des membres de la maîtrise, quelques velléités de tracasserie parfois, quelques contraventions même au pacte établi : l'Académie était désormais trop sûre de ses forces, trop affermie dans ses conquêtes pour avoir rien à redouter du dehors. Elle laissa donc s'user d'eux-mêmes, et sans paraître s'en préoccuper, ces derniers efforts d'un parti aux abois. Les maîtres, de leur côté, finirent par se résigner à l'humble condition qui leur était faite. Dépourvus de privilèges et de moyens d'influence sur l'opinion, réduits, dans le siècle suivant, au droit de tapisser de leurs tableaux, à certains jours de l'année, les murs de la place Dauphine, tandis que la faveur d'une exposition dans un salon du Louvre était réservée aux ouvrages des académiciens, ils ne se recrutèrent plus que parmi les incapables, et n'existèrent plus, à vrai dire, pour les artistes et pour le public.

L'Académie royale au contraire ne comptait pas un demi-siècle d'existence que, depuis Lesueur jusqu'à Largillière, depuis Girardon jusqu'à Gérard Edelinck, tous les peintres, tous les sculpteurs, tous les graveurs dont les œuvres ont survécu, avaient tenu à honneur d'appartenir à la compagnie, quelques-uns assez tardivement sans doute, comme Mignard et Michel Anguier, la plupart aussitôt qu'ils s'étaient crus dignes d'être admis. Pourquoi, chez tous les artistes de quelque valeur, ces empressemens ou ces retours d'ambition ? S'agissait-il seulement des prérogatives attachées au titre d'académicien ? Certes elles avaient bien leur importance ; mais ce qui n'importait guère moins, c'était l'avantage qu'on trouvait, au point de vue du progrès, dans une association intime avec ses pairs, dans un échange perpétuel d'idées et de doctrines, dans cet esprit de corps enfin, bien différent de l'esprit de secte, qui, en intéressant le zèle de chacun, n'attente à l'indépendance de personne, et fait tourner même les dissidences partielles au profit de la dignité commune. L'art italien, nous l'avons vu, s'était mal trouvé d'un essai d'organisation en ce sens, non-seulement parce que cette expérience tardive contrariait des habitudes, mais aussi et surtout parce qu'elle répugnait à des instincts. En France, l'habitude de la discipline était dès longtemps prise ; elle avait besoin seulement d'être mieux réglée dans ses effets, mieux appropriée à de justes exigences, et de plus la réunion centrale des talens, qui avait ailleurs tout paralysé, ne pouvait ici que ranimer cet esprit de méthode, ce goût pour les comparaisons et les calculs qui est l'inspiration même de l'art national.

Dans notre pays en effet, l'art n'a pas des origines absolument naturelles, une vie et une vertu involontaires pour ainsi dire. Il ne germe pas chez nous, comme en Italie, par la toute-puissance du sol : il est un effort de la raison bien plutôt qu'une suggestion du sentiment, un moyen acquis plutôt qu'une force spontanée. De là ses formes d'expression un peu recherchées parfois, mais le plus souvent exactes sans sécheresse, ingénieuses sans minutie ; de là cette habileté de nos peintres à faire ressortir les caractères intimes d'une scène ou d'un portrait, à en définir la vraisemblance morale : de là enfin des qualités toutes particulières à l'école française, et dont on réussirait mieux à trouver les équivalent dans notre littérature que dans les œuvres peintes ou sculptées qu'ont produites les écoles étrangères. En vain, au siècle dernier, lorsque la mode était aux parallèles, prétendait-on mettre en regard les maîtres italiens et les artistes français. Certain livre par exemple où le marquis d'Aryens s'évertuait de la meilleure foi du monde à rapprocher Jacques Blanchard de Titien, Santerre d'Andréa del Sarto et Lafosse de Paul Véronèse, montre assez à quelles erreurs peut aboutir cette manie, et, sans parler de l'extrême inégalité des forces, il suffit de se tenir aux intentions pour apprécier ce qui diffère entre des hommes si malencontreusement accouplés. Le mieux est donc de ne pas songer à détourner sur nous une gloire qui ne saurait nous appartenir, de laisser à qui de droit les privilèges de l'imagination, de la puissance innée, de l'inspiration et de la science faciles. Le mieux est de nous incliner devant la grandeur de l'art italien et d'en admirer les incomparables beautés sans réserve-ni faux amour-propre, à la condition toutefois de ne pas pousser le désintéressement jusqu'à la distraction ou jusqu'à l'injustice envers nous-mêmes, à la condition de ne pas méconnaître, en face de cette poésie éblouissante, les rares mérites de notre prose, et de réserver une part de notre admiration, non-seulement pour la majestueuse raison de Poussin ou pour la raison émue de Lesueur, mais pour ces facultés d'analyse, pour cette pieuse fidélité au bon sens qu'attestent dans notre école tant d'œuvres signées de moins grands noms.

Dès l'origine, l'Académie de peinture avait eu, entre autres avantages, celui d'offrir un encouragement ou une sanction à ces coutumes judicieuses de la pensée, à ces tendances presque littéraires en matière d'art qui apparaissent déjà au XVIe siècle dans les travaux de nos portraitistes, qui se confirment dans les œuvres de Philippe de Champagne, de Ferdinand et de quelques autres, et que les disciples de Vouet continuent eux-mêmes à leur manière. Aussi, sauf les affaires et les ennuis du dehors, tout se passa-t-il au mieux durant ces premières années [4]. Chaque talent ayant déjà fait ses preuves semble emprunter un surcroît de certitude au contact des talens voisins ; chaque jeune artiste qui se forme à cette école y puise, en même temps que le savoir, le goût des hautes entreprises, le dédain pour les petites ruses du métier. Même à l'époque où Lebrun exagère, par son autorité et par ses exemples, le triomphe de la cause académique, quelque chose de probe, de viril, de décidément français, s'affirme partout et se fait jour sous les apparences souvent fastueuses de la manière. Lebrun mort, rien n'est en péril encore, rien n'est compromis de ce caractère de dignité que les premiers membres et les premiers travaux de l'Académie avaient imprimé à l'art national. On dirait au contraire qu'en se recrutant, surtout parmi les peintres de portrait, de talens relativement sobres, en appelant à siéger d'abord, et bientôt à professer, des hommes comme Rigaud et Robert Tournière, la compagnie entend agir plus directement dans le sens de nos inclinations naturelles. Peut-être entend-elle aussi se prémunir contre certaines fantaisies pittoresques plus dangereuses que ne l'étaient les récentes exagérations du style épique, et accumuler ses moyens de défense en vue des agressions qui vont suivre. Le moment est proche en effet où, sous prétexte de faire justice des conventions, on essaiera simplement d'en changer les formes, où l'on enchérira même, par une pratique plus artificielle encore, sur ce que les procédés antérieurs pouvaient avoir de factice ou de suranné. Gillot vient déjà de paraître, et avec lui cette peinture de sujets galans et modernes, pour parler le langage du temps, qui doit, sous le pinceau de Watteau, se parer de gentillesses bien autrement séduisantes et conquérir de bien autres succès. Quelle mise en demeure pour l'Académie, gardienne des hautes traditions de notre école, et que n'allait-elle pas avoir à faire pour arrêter ou pour diriger le mouvement !

Rien de plus simple néanmoins et en même temps rien de plus habile que la politique adoptée par l'Académie en cette circonstance, et depuis lors invariablement suivie par elle. Au lieu de résister aux innovations, elle s'y associe tout d'abord et les consacre, afin de se trouver, le cas échéant, mieux en mesure d'en réprimer les excès. Au lieu d'irriter par ses dédains des talens facilement ennemis, elle s'empresse de les accueillir, elle les récompense de bonne grâce, sauf à les surveiller de près une fois qu'elle se les est attachés. C'est l'honneur de l'Académie de peinture d'avoir su ainsi participer toujours à temps au mouvement des idées, de ne s'être obstinée à nier aucun progrès, à méconnaître aucun genre de mérite, et d'avoir, en toute occasion, intéressé à sa propre cause ceux-là mêmes qui soutenaient en apparence une cause contraire, ou qui n'obéissaient qu'à leur caprice. Watteau avait à peine trente ans, Lancret n'en avait pas vingt-huit, que déjà ils étaient académiciens l'un et l'autre, sans que personne, même parmi les plus susceptibles, se formalisât de ce voisinage, mais aussi sans que personne se proposât d'ajouter jamais à leur titre le titre plus compromettant de professeur. Gillot était élu l'année même où mourait Louis XIV, comme si l'on avait eu hâte de démentir les récentes rigueurs du grand roi et d'accorder un droit de cité parmi nous à ces peintres de magots dont le talent avait offensé ses regards dans les œuvres de l'école flamande. Plus tard, lorsque le champ de la fantaisie pittoresque tend à s'élargir encore, lorsque, sous les pinceaux d'autres novateurs, la grâce dégénère en afféterie et la familiarité du style en véritable impertinence, les rangs de l'Académie s'ouvrent même pour ces faux talens, à mesure qu'on sent la nécessité de compter avec eux, et, comme dit M. Vitet, de tempérer le désordre de cette émancipation téméraire. Qui peut dire, ajoute-t-il, à quels excès d'incorrection, de négligence et de monstrueux caprices les novateurs eussent été emportés, si, à peine au sortir de l'école, ils s'étaient vus, comme nos jeunes talens d'aujourd'hui, abandonnés à eux-mêmes, sans frein, sans garde-fou, s'il n'y avait pas eu là cette ancienne et puissante institution, devenue leur famille, qui leur offrait à tous un appui, un contrôle, des devoirs, des honneurs, ou tout au moins des espérances ? La licence fut grande malgré l'Académie ; sans elle, il ne fût rien resté debout.

Que l'on ne s'exagère pas au surplus l'étendue des concessions faites par la compagnie à l'esprit du siècle, ni l'influence de cet esprit même sur la marche de l'art contemporain. Boucher n'attend pas longtemps, il est vrai, le titre d'académicien, et de plus il lui arrive, vers la fin de sa vie, de s'asseoir en qualité de directeur dans le fauteuil qu'avaient occupé, depuis Lebrun jusqu'à Dumont le Romain, des gens mieux en mesure que lui d'y figurer avec éclat ou tout au moins d'y faire bonne mine. À la suite de ce peintre de boudoir, devenu le peintre des résidences royales, il n'est pas, j'en conviens, jusqu'aux peintres de petite maison, jusqu'à des hommes comme Baudoin, qui ne réussissent parfois à se faufiler dans le sanctuaire de l'art français, et à y introduire quelque chose de plus profane que les galanteries mythologiques, de moins aisément pardonnable que les faux agrémens ou les-négligences du style ; mais les complaisances de l'Académie sur ce point sont rares après tout. Elles trouvaient d'ailleurs leur correctif dans les choix faits la veille ou préparés pour le lendemain, dans le droit qu'on avait et qu'on exerçait sans relâche d'appeler à soi tous les talens dont le concours semblait utile, tous les artistes, quel qu'en fût le nombre, qui avaient donné déjà les gages ou les promesses d'une habileté sérieuse. Aussi se tromperait-on gravement si l'on jugeait seulement les doctrines et les œuvres de l'Académie au XVIIIe siècle sur ce que nous en apprennent les coquetteries pittoresques ou les idylles grivoises de l'époque. Il avait bien fallu faire la part aux apôtres de l'art nouveau, parce que ceux-ci représentaient une fraction notable de l'école française ; mais il eût été aussi imprudent alors qu'il serait injuste aujourd'hui de leur attribuer le premier rôle.

À côté ou au-dessus des Boucher, des Fragonard et de ces autres talens mensongers qu'un retour de la mode a, depuis quelques années, beaucoup trop remis en honneur, il y avait des peintres profondément sincères comme Chardin, ingénieux comme Joseph Vernet et Greuze, hautement habiles comme Doyen. Il y avait, surtout chez les peintres et chez les sculpteurs de portrait, un fonds de véracité, de science sûre, une franchise dans le sentiment et dans les moyens d'exécution qui honorent bien autrement l'art national que ne le sauraient faire les grâces conventionnelles des artistes auteurs de toutes ces menues allégories ou de ces prétendues pastorales. Enfin, si l'on examine les publications scientifiques, les ouvrages sur l'histoire et sur les monumens de l'art que nous devons à certains conseillers ou associés de l'Académie, si l'on se rappelle les services rendus à l'archéologie, à la critique, par Caylus, par Mariette, par d'autres bons et savans esprits, on reconnaîtra que, depuis la seconde moitié du siècle jusqu'aux dernières années du règne de Louis XVI, c'est-à-dire pendant une époque livrée en apparence aux influences les plus frivoles, l'Académie travaillait et réussissait à perpétuer le goût des fortes études, le respect des nobles traditions.

Survient la révolution, et d'abord l'Académie n'est pas atteinte. Un moment dénoncée devant l'assemblée constituante, elle s'était empressée de publier, en réponse aux accusateurs, un mémoire sur l'esprit des statuts, et règlemens de l'Académie royale de peinture, L'assemblée, occupée ailleurs il est vrai, lui avait facilement donné gain de cause, et depuis lors aucune menace sérieuse n'était venue remettre en question l'existence d'une institution que ses origines et ses privilèges semblaient désigner pourtant aux vengeances démocratiques. Même aux approches de la terreur, tout continuait de se passer dans l'ordre accoutumé, et l'on semblait si peu disposé à innover sur ce point qu'à la fin de l'année 1792 le ministre de l'intérieur, Roland, invitait par écrit les académiciens à s'assembler pour choisir, à la pluralité des voix, un artiste peintre d'histoire en remplacement du directeur de l'école de Rome, qui venait de donner sa démission [5]. L'élection eut lieu dans ces termes et fut confirmée par le ministre, mais elle mécontenta assez vivement la minorité pour que celle-ci, David en tête, n'hésitât pas à faire alliance avec les ennemis du dehors. Bientôt ce groupe de factieux, qui avait pris le titre de Société révolutionnaire des Beaux-Arts, et qui, en attendant mieux, s'était emparé du local où l'Académie tenait ses séances, réclama et obtint de la convention un décret conforme à ses propres rancunes aussi bien qu'aux lugubres manies de l'époque. Ainsi fut renversée cette bastille académique, qui pourtant n'avait jamais tenu à la gêne ni les talens ni la foi de personne ; ainsi, sous prétexte d'affranchissement on ne fit en réalité que restreindre les moyens d'émulation, qu'introduire dans le présent et dans l'avenir l'esprit d'aventure et l'anarchie. La puissante association qui pendant un siècle et demi avait gouverné les arts dans notre pays appartenait désormais à l'histoire, et lorsque, dix ans plus tard, la réorganisation de l'Institut rendit à quelques-uns des académiciens dépossédés leur ancien titre et leur place à la tête de l'école française, ni eux ni leurs successeurs ne devaient hériter du passé rien de plus que ces distinctions honorifiques.

Ne saurait-on souhaiter aujourd'hui que l'héritage fût plus largement réparti ? Est-il possible de ressusciter quelque chose de ce passé dans le sens des attributions et des devoirs qui mettaient l'ancienne Académie en contact avec la masse des artistes ? M. Vitet n'hésite pas à le penser et à le dire. L'avis, sans parler de la haute compétence de celui qui le donne, l'avis est bon en soi et mériterait d'être pris en sérieuse considération. L'éminente compagnie qui a remplacé en France l'Académie royale de peinture compte maintenant soixante ans d'existence. Que l'on compare l'influence qu'il lui a été donné d'exercer sur les mouvemens de l'art français durant cette période avec le rôle et l'action de l'ancienne Académie pendant un nombre d'années équivalent. La faute n'en est certes ni aux choix qui ont été faits depuis le commencement du siècle, ni à l'indifférence personnelle des maîtres pour ce qui s'est passé autour d'eux. Cette influence incomplète tient aux conditions mêmes de l'organisation actuelle, aux principes qui, en la recommandant à nos respects, l'isolent en même temps un peu trop de nous et de la sphère où nous sommes. La quatrième classe de l'Institut est un aréopage illustre, mais un aréopage le plus souvent sans justiciables, une sorte de Panthéon anticipé où quelques vivans d'élite siègent dans une confraternité officielle.

Elle n'est pas, comme l'ancienne Académie, un corps où certains degrés hiérarchiques marquent l'importance relative des talens, en stimulent les efforts, en récompensent les progrès ; elle ne peut, ses cadres une fois remplis, non-seulement accueillir un maître, si habile ou si renommé qu'il soit, mais grouper autour d'elle, s'attacher par les liens de l'adoption, agréer en un mot, comme sa devancière, les artistes auxquels appartient l'avenir. Sauf le privilège de décerner chaque année le prix de Rome à de jeunes talens qu'elle n'a pas formés et qui, à l'époque des concours, apparaissent sous ses yeux pour la première fois, hormis le droit, d'ailleurs si souvent et si injustement contesté, supprimé même à certains momens, de choisir les ouvrages dignes de figurer au Salon, quelles attributions a-t-on conférées à l'Académie qui lui permettent d'intervenir activement dans les affaires de l'art contemporain, dans les questions qui le divisent, dans les encouragemens qu'il reçoit, dans tout ce qui en est, à proprement parler, l'élément familier et la vie ? Dira-t-on que, depuis quelques années, l'Académie des Beaux-Arts, reprenant à la fin de chaque salon les fonctions dont elle avait été investie au commencement, est appelée à décider des récompenses comme elle a statué sur les admissions ? Mais on ne lui laisse ici, on ne lui laissait du moins à une époque assez rapprochée de nous, qu'une voix consultative. Si nous sommes bien informé, ses arrêts n'ont pas toujours eu force de loi. En fait, la quatrième classe de l'Institut ne participe au gouvernement de notre école que par intervalles et dans une mesure sans proportion, soit avec l'autorité naturelle de la compagnie, soit avec les prérogatives que l'opinion lui attribue. Ce défaut de solidarité entre l'Académie et les œuvres de chaque jour, les membres peuvent un à un s'efforcer d'y remédier ; ce vide qui la sépare de nos générations d'artistes, on peut chercher à le combler par les conseils officieux, par le crédit et les moyens d'action personnels ; mais les occasions sont au moins rares de procéder avec ensemble et de continuer à cet égard les anciennes traditions.

En ce qui concerne l'enseignement, - grave question qui exigerait un examen à part, - nous constaterons seulement l'insuffisance numérique des professeurs attachés aujourd'hui à l'École des Beaux-Arts et les avantages sous ce rapport qu'offrait l'organisation primitive. Qu'on ait cru devoir séparer l'École et l'Institut, sauf à ne rien changer d'ailleurs au fond des choses, qu'un artiste siège ici comme académicien, là comme professeur, au lieu de remplir, à l'exemple de ses devanciers, ces fonctions sous le même toit, peu importe, puisqu'il n'y a en réalité d'innovation que dans la forme. Ce qui est plus regrettable, c'est que les maîtres en titre n'aient plus à côté d'eux des maîtres agrégés, des seconds, pour les aider et les remplacer au besoin. Le petit nombre des professeurs en exercice peut diminuer d'année en année et se réduire presque à l'unité, à mesure que chacun d'eux a atteint la limite d'âge réglementaire, ou que la tâche lui est devenue trop lourde. N'y aurait-il pas lieu, dans l'intérêt de tout le monde, de reconstituer quelque chose d'analogue à cette classe d'adjoints à professeurs qui complétaient autrefois le corps enseignant ?

Suit-il de ce qui vient d'être dit que nous entendions porter atteinte à la légitime aristocratie des talens, que nous proposions contre ce qui existe des mesures renouvelées de celles que réclamait contre l'ancienne Académie laSociété révolutionnaire des Beaux-Arts ? Nos vœux sont tout différens, puisque nous voudrions que l'Académie pût agrandir le cercle de son influence, et, sans descendre du haut rang qu'elle occupe, attirer plus habituellement à elle la vie et le mouvement de l'art contemporain. Voilà pourquoi nous demandons avec M. Vitet s'il n'est pas encore temps, sans rien détruire et sans trop innover, de profiter des exemples du passé. Qu'il nous soit permis d'ailleurs d'ajouter avec le savant écrivain : C'est dans l'Académie des Beaux-Arts elle-même que sont les juges de ces problèmes ; nous leur livrons nos aperçus sans autre commentaire ; ils sauront mieux que nous le parti qu'on en peut tirer... Aujourd'hui que tout semble prêt à s'éteindre sans être remplacé,... n'est-il pas permis de regretter qu'on ait quitté trop tôt la voie qu'avaient suivie nos pères, et ne peut-on se demander si, pour le corps illustre qui tient la place de l'ancienne Académie, aussi bien que pour notre jeunesse, il n'y aurait pas profit à faire quelques emprunts aux idées et aux statuts de 1648 ?

Quelle que doive être au surplus, dans le domaine de la pratique, l'influence des exemples de l'ancienne Académie, les souvenirs qu'elle a laissés intéressent de trop près la gloire de l'art national pour qu'aucun de nous puisse les négliger ou les accueillir froidement. L'histoire de l'Académie est en effet l'histoire même de la peinture française, non pas depuis que notre école existe, - elle remonte bien au-delà, - mais depuis qu'elle est sortie de la période des essais pour se constituer au grand jour, pour se développer dans le sens exact de ses forces et de ses aptitudes. Les noms inscrits sur la liste des académiciens ne laissent pas de lacune dans la généalogie des talens qui se sont succédé en France depuis la seconde moitié du XVIIe siècle. Un seul, il est vrai, et le plus grand de tous, le nom de Poussin, manque dans ce livre d'or de notre école. Toutefois, suivant l'ordre chronologique, il avoisine de si près ceux qui y figurent les premiers, les doctrines dont on voulait d'abord assurer le succès procèdent si directement des principes émis par le noble maître que, même absent, Poussin semble, à vrai dire, le chef naturel et le patron de l'Académie. Le nom de David clôt à peu près la liste, comme, dans l'histoire des écoles italiennes, la longue série des artistes éminens aboutit au nom de Dominiquin, - sauf cette différence pourtant que le peintre bolonais n'a de commun avec ses aïeux que la célébrité, tandis que le peintre français se rattache au passé par les caractères mêmes de son génie, par ses aspirations, par ses travaux. À plus de cent ans d'intervalle, la Mort de Socratevenait continuer quelque chose de la poétique formulée dans l'Eudamidas, de même que, dans les portraits peints sous le règne de Louis XVI par Mme Lebrun et par d'autres membres de l'Académie, un vif souvenir survivait encore de la tradition léguée, au commencement du siècle, par les maîtres du genre.

Ainsi, contrairement à ce qui se passe en Italie, la filiation des talens n'a chez nous ni interruption, ni équivoque. La physionomie des descendans rappelle les traits des chefs de la race, les souvenirs de famille se retrouvent au fond des tentatives particulières, au fond des actes de chacun, et là même où ces tentatives semblent le plus hétérogènes dans la forme, elles se relient entre elles par l'unité de l'esprit qui les a inspirées. Peut-être cette permanence des intentions morales qui fait la force intime de l'art français a-t-elle pour résultat d'en immobiliser parfois l'expression pittoresque, d'en appesantir un peu les dehors ; peut-être ce besoin de penser et d'agir en commun, ces mérites plutôt doctes que spontanés, arrivent-ils dans notre école à prévaloir un peu trop sur le reste. En tout cas, s'il y a là quelque péril pour la verve et l'originalité personnelles, il n'y a rien qui ne corresponde aux instincts généraux de. la nation, rien qui ne suffise pour contenter les exigences de notre esprit. À nos goûts littéraires, même en matière de peinture, il faut un aliment substantiel ; à nos habitudes réfléchies, mais non rêveuses, à notre bon sens gaulois, ami des vérités pratiques, il faut autre chose que le pur spectacle du beau. Ce que nous voulons qu'on nous définisse partout, dans les musées comme au théâtre, ce que nos artistes de tous les temps ont réussi à formuler en parlant la langue commune des idées plutôt que la langue d'un art spécial, c'est la vraisemblance morale, la secrète signification des choses. Dans les œuvres italiennes au contraire, le charme, sans résider tout entier à la surface, apparaît à découvert et tient autant aux séductions extérieures, à la perfection de l'image, qu'au fond même des intentions. Rien qui accuse un long effort du raisonnement, un calcul de la volonté. On dirait que les peintres de Florence ou de Rome, de Parme ou de Venise, peignent pour le plaisir de peindre, comme plus tard et dans le même pays les musiciens chanteront pour chanter, chacun suivant ses inspirations propres et en proportion des dons reçus. De là cette variété infinie de talens, cette sincérité, cette aisance dans l'invention et dans le style qui assurent aux artistes de l'Italie la première place entre les artistes modernes. La gloire des écoles italiennes est d'avoir, sans corps de doctrines, sans unité de direction et par l'action isolée du génie, produit les plus grands maîtres et les plus belles œuvres que le monde ait vus depuis l'antiquité grecque. L'honneur de l'école française, - et ce succès est dû en grande partie à l'influence de l'Académie royale, - est de représenter dans l'art la discipline de la pensée, la raison, tantôt sévère, tantôt finement aiguisée, et de compter en foule, sinon des peintres dans le sens absolu du mot, au moins des moralistes pittoresques, des observateurs judicieux, qui se sont servis du pinceau, comme d'autres ont pris une plume, pour émouvoir notre cœur ou pour intéresser notre esprit.

HENRI DELABORDE

NOTES

1. Voyez la Revue du 15 décembre 1853.

2. De la Poésie chrétienne dans son principe, dans sa matière et dans ses formes. Forme de l'Art, Paris 1830. - C'est ce premier essai que M. Rio a refondu et développé dans le nouveau travail auquel il a donné le titre moins compliqué de l'Art chrétien, et qu'il eût pu, avec plus d'exactitude encore, intituler de l'Art Chrétien en Italie, puisqu'il y parle seulement des maîtres et des ouvrages italiens.

3. L'accommodement toutefois ne laissait pas de présenter dans les formes des difficultés assez graves. Pour mériter d'être appelé aux fonctions de directeur, il fallait, aux termes des statuts, avoir passé préalablement par les divers degrés de la hiérarchie académique. Or Mignard n'avait pas même le titre d'agréé. On prit le parti de le traiter à peu près comme ces enfans de grande maison qui, en entrant au service, recevaient coup sur coup les brevets de tous les grades jusqu'à celui de colonel. Afin de concilier avec les règlemens le choix qu'imposaient les circonstances, la compagnie abrégea autant qu'elle put la durée des épreuves, et Mignard, par ordre du roi d'ailleurs, fut élu dans la même séance agréé, académicien, recteur, chancelier et directeur.

4. Si l'on est curieux de connaître, au-delà même de l'excellent résumé qu'en a donné M. Vitet, les détails relatifs aux démêlés de l'Académie royale avec les gens de robe et avec l'Académie de Saint-Luc, on les trouvera consignés tout au long dans des Mémoires publiés il y a quelques années par M. de Montaiglon et attribués par lui, avec une grande apparence de raison, au peintre Henry Testelin, un des académiciens primitifs. D'autres Mémoires sur la vie et les ouvrages des membres de l'Académie royale, imprimés d'après les manuscrits que possède l'École des Beaux-Arts, contiennent une suite de notices nécrologiques consacrées par les historiographes de la compagnie aux plus renommés des académiciens qui

se succédèrent depuis 1648 jusque vers le milieu du XVIIIe siècle. Nous avons eu l'occasion de parler de cette publication et de l'intérêt qu'elle présente dans la Revue du 15 septembre 1854.

5. Notices historiques sur tes anciennes académies royales, par Deseine, statuaire, membre de l'ancienne Académie. Paris 1814. - Le nom de Deseine figure l'avant-dernier sur la liste chronologique des académiciens. Le dernier nom est celui du peintre Forty, élu le 25 juin 1792, treize mois par conséquent avant le jour où l'Académie fut supprimée (8 août 1793).